COMITÉ CENTRAL DES HOUILLÈRES DE FRANCE

Hygiène des Mines

ANKYLOSTOMIASE

RAPPORT
de MM. les Docteurs Fabre, Champeil,
Daumy, Briau,
Valatz, Davet et Kerambrun

sur

leur stage à l'Institut Pasteur en août 1908

et sur

leur voyage d'études
à Valenciennes, Bruxelles, Mons et Bochum.

PARIS

55, RUE DE CHATEAUDUN, 55

1908

ANKYLOSTOMIASE

RAPPORT DES MÉDECINS MINIERS

sur

leur stage à l'Institut Pasteur

en 1908

EN VENTE

55, RUE DE CHATEAUDUN, 55

Causes et prophylaxie de l'anémie des mineurs, par M. PAUL FABRE, 1 br. in-8° de 24 pages............ **1 fr.** »

Les étapes de la lutte contre l'ankylostomiase en Allemagne, par M. FUSTER, 1 br. in-8° de 32 pages.. **1 fr.** »

Enquête sur l'ankylostomiase :

Département du Gard, par MM. les Drs WEINBERG et LÉGER..................................... **1 fr. 50**

Départements du Tarn, de l'Allier, de l'Aveyron, du Puy-de-Dôme et de Saône-et-Loire, par M. le Dr WEINBERG................... .... **2 fr.** »

COMITÉ CENTRAL DES HOUILLÈRES DE FRANCE

Hygiène des Mines

ANKYLOSTOMIASE

RAPPORT

de MM. les Docteurs Fabre, Champeil, Daumy, Briau, Valatz, Davet et Kerambrun

sur

leur stage à l'Institut Pasteur en août 1908

et sur

leur voyage d'études
à Valenciennes, Bruxelles, Mons et Bochum.

PARIS

55, RUE DE CHATEAUDUN, 55

—

1908

RAPPORT COLLECTIF

des médecins miniers soussignés, sur leur stage
à l'Institut Pasteur en août 1908, et sur
le voyage d'études à Valenciennes,
Bruxelles, Mons, Bochum, qui
en fut la conclusion.

Nous avons été envoyés, le 3 août, à l'Institut Pasteur de Paris par les Compagnies minières auxquel-
les nous appartenons pour nous perfectionner dans
les pratiques de laboratoire, principalement en ce
qui concerne l'ankylostomiase.

L'initiative de ce cours de perfectionnement fut
prise grâce à l'intermédiaire du Comité central des
houillères, par le Docteur *Weinberg*, assistant à
l'Institut : le Docteur Weinberg avait été chargé, en
1907, en collaboration avec le Docteur *Léger*, d'une
enquête spéciale dans les mines du Midi et du Centre
de la France ; au cours de son enquête, il découvrit
plusieurs foyers non soupçonnés d'ankylostomiase :
cette découverte démontra l'utilité de créer dans
les centres miniers qui n'en sont pas encore pourvus
des laboratoires d'urgence.

Telle était la raison de notre envoi à l'Institut.

En l'absence d'une organisation d'études bien précise, nous nous sommes concertés pour arriver à remplir le programme suivant :

1° Acquérir les notions voulues pour monter chacun dans son centre un laboratoire pour les recherches d'urgence ;

2° Nous exercer au diagnostic microscopique de l'ankylostomiase et des helminthiases en général ;

3° Nous initier aux divers modes de traitement employés dans les pays miniers qui, depuis longtemps, ont organisé la lutte contre cette maladie et aux diverses mesures hygiéniques et sociales en usage dans ces régions ;

4° Chercher enfin à nous faire une idée personnelle de la gravité du danger social de l'ankylostomiase afin de renseigner nos administrations respectives.

Pour les deux premières parties du programme, nous avons trouvé à l'Institut Pasteur des bonnes volontés précieuses, qui nous ont facilité la besogne. Chacun de nous pourra organiser chez lui l'installation nécessaire pour les recherches suivantes : recherche du bacille de Koch dans les crachats ; diagnostic de la tuberculose par inoculation ; sérodiagnostic typhique ; diagnostic de la diphtérie par culture ou par examen microscopique ; recherche du gonocoque ; examen de pus ; recherche du b. d'Eberth et du b. coli dans l'eau et tous examens analogues.

Notre séjour à l'Institut nous a mis en rapport avec des spécialistes distingués qui nous ont donné des notions sur des sujets que les praticiens français ne peuvent en général guère approfondir ; nous avons eu ainsi une occasion exceptionnelle de connaître :

La rage, le choléra, la peste, les trypanosomiasmes, le paludisme, les amibes, grâce aux conférences de *MM. Dujardin-Beaumetz*, *Denier* (médecin de la Marine), *Lesage* (médecin des hôpitaux), *Pinoy*, *Léger* (médecin de l'armée coloniale).

M. Léger nous fit en plus des conférences sur l'hématologie, ayant un but plus immédiatement pratique pour nous : l'ankylostomiase causant des modifications dans la composition du sang, modifications qu'on utilise pour le diagnostic de l'affection.

Au point de vue ankylostomiase, des manipulations quotidiennes faites sous le contrôle et avec les avis d'un dévoué préparateur, *M. Romanowitch*, nous ont familiarisés avec l'étude des matières fécales et la connaissance non seulement du ver ankylostome, mais aussi des autres helminthes de l'homme. Nous regrettons cependant de n'avoir pas eu pour faciliter nos débuts les magnifiques moyens d'enseignement que nous vîmes ensuite à Mons et à Bochum (collections, photographies, projections).

Les autres points de notre programme ne pouvaient être réalisés à l'Institut Pasteur. Là, on ne s'occupe que des recherches de laboratoire : pas de malades, et par conséquent ni enseignement clinique, ni enseignement thérapeutique. Le Docteur Weinberg, pressenti à ce sujet par nous, a bien voulu se mettre en rapport avec les directeurs et les médecins des établissements français, belges et allemands où la lutte contre l'ankylostomiase est organisée sur un pied important, et nous accompagner dans ces centres.

Dans le récit de notre voyage, nous relatons succinctement tout ce que nous avons visité, ainsi que les opinions scientifiques recueillies. Nous laissons

le soin, à chacun de nous, de développer à part les points qui lui paraîtront devoir plus particulièrement intéresser son administration.

A Valenciennes, nous fûmes reçus par M. Eugène *Waymel*, Secrétaire général des mines d'Anzin. Il nous conduisit d'abord à Denain au poste de consultation du Docteur *Dubois*. Ce poste de consultation sert à tout le territoire avoisinant : les mines d'Anzin, en effet, qui s'étendent sur une longueur de 40 kilomètres et une largeur de 8 kilomètres, ne peuvent avoir une organisation médicale unique et centrale. Un certain nombre de postes analogues à celui que nous avons visité sont répartis dans la concession, chacun d'eux correspondant à une circonscription médicale.

Le poste de Denain comprend : une salle d'opération pourvue d'un tableau de distribution électrique et d'un dispositif de mécanothérapie simplifiée, une salle avec deux lits, un poste pharmaceutique et enfin une goutte de lait. Cette goutte de lait, qui fonctionne depuis 3 ans, semble avoir eu une heureuse influence sur la mortinatalité de Denain, qui a passé de 18 à 13 0/00.

Nous vîmes ensuite le poste de la fosse d'Hénin, plus spécialement consacré aux premiers secours aux blessés; y est annexé un laboratoire de recherches pour le grisou et l'oxyde de carbone, muni des appareils les plus perfectionnés (notamment de l'appareil Albert Lévy et Pécoul). Là, nous eûmes la démonstration de l'appareil respiratoire adopté dans tous les puits d'Anzin : c'est celui du capitaine des Pompiers de Paris, Vanginot, qui fonctionne au moyen d'obus d'air comprimé, avec détendeur, mais sans dispositif de régénération. On sait que ce dispositif (barbotage en soude caustique) est une complication sérieuse des appareils à oxygène, Tissot, Dræger, etc... Cet appareil est toujours immédiatement prêt à l'usage.

Nous allâmes enfin au laboratoire de biologie du Docteur *Lambert*, qui fonctionne à Anzin pour toute la concession. Outre les recherches de laboratoire ordinaires, le Docteur Lambert, ancien collaborateur du Docteur Calmette, de Lille, est surtout chargé des examens concernant l'ankylostomiase. Tout ouvrier, avant d'être embauché, subit l'examen spécial : s'il est infecté, on ne l'admet qu'aux travaux de jour, jusqu'à guérison. Les hommes du fond, reconnus infectés, sont également occupés au jour. Le traitement dirigé par les médecins des circonscriptions, consiste en une seule dose de 7 à 8 grammes d'extrait de fougère mâle (renouvelée 8 jours après s'il y a lieu). Le Docteur Lambert, interrogé sur ce point spécial, affirme qu'à Anzin les porteurs de ver présentent rarement des signes d'anémie. On nous montra, à côté du laboratoire, la remise des voitures d'ambulance : celles-ci pouvant contenir un brancard et deux infirmiers présentent une suspension idéale, grâce à des cardans.

Avant de quitter M. Waymel, qui nous fit l'honneur d'accepter à déjeuner (ainsi que le Docteur Lambert) nous lui demandâmes quelques renseignements sur le fonctionnement des pensions de blessés du travail : à retenir de ses déclarations que la révision des rentes d'accidents fonctionne activement à Anzin, et qu'il estime qu'un quart du montant primitif peut être recouvré. Quand l'accidenté est réoccupé, il ne jouit pas de sa pension même s'il a une diminution de salaire, du fait de l'accident.

o

Nous visitâmes rapidement les instituts Pasteur de
Lille et de Bruxelles. Dans ce dernier, nous eûmes
peu à glaner (travaux sur la coqueluche) ; par contre, nous regrettons de n'avoir pu consacrer que peu
d'instants à la magnifique installation du Professeur
Calmette. Le Professeur *Calmette*, qui nous reçut
avec la plus grande obligeance, est le grand maître
de l'hygiène dans les pays miniers du Nord, avec son
collaborateur le Docteur *Breton;* il a fait sur l'ankylostomiase un traité auquel nous avons eu et aurons
souvent recours. Il voulut bien improviser pour nous
une intéressante conférence sur les symptômes et le
traitement de la maladie, puis il nous montra ses laboratoires où se fabriquent le Tuberculin-test (qui
sert à pratiquer l'ophtalmo-réaction de la tuberculose), le sérum anti-venimeux (avec du venin de co-
bra). Il nous expliqua ses essais de vaccination anti-
tuberculeuse par voie digestive, chez les bovidés.
Enfin, le Docteur Breton nous montra le Prevento-
rium antituberculeux de Lille, sorte d'agence qui
cherche à dépister les tuberculeux, à leur fournir
une alimentation rationnelle ; elle se charge de désinfecter leurs effets, de protéger l'entourage contre
l'infection, enfin, elle dirige sur le sanatorium de
Montigny-sous-Ostrevent ceux qui peuvent en tirer
bénéfice.

Nous fûmes reçus à Mons par le Docteur *Herman*,
qui dirige le laboratoire de bactériologie et d'hygiène
de la province du Hainaut et le Docteur Louis *Caty*,
député permanent, délégué à la Commission d'hygiène. Le Docteur Herman s'occupe depuis de lon-
gues années de la question de l'ankylostomiase qui
sévit très lourdement dans les mines de la province.
Il est connu par de beaux travaux sur la question et

a contribué par des expériences personnelles à prou-
ver que les larves de l'ankylostome pouvaient péné-
trer dans l'organisme par la peau saine : nous avons
vu sous son microscope, des fragments de sa propre
peau, dans la profondeur de laquelle avaient péné-
tré des larves préalablement déposées à la surface.
A la suite de l'expérience et malgré que la peau in-
fectée ait été excisée une demi-heure à peine après le
dépôt des larves, quelques-unes échappèrent à l'exci-
sion, pénétrèrent dans l'organisme et devinrent adul-
tes : soixante-dix jours après, il y eut des œufs dans
les selles.

Le Docteur Herman a étudié les symptômes de l'a-
némie des mineurs due au ver. Cette anémie, d'après
lui, a des caractères particuliers qui la distinguent
des autres anémies pouvant survenir chez le mineur.
Les principaux signes sont donnés par l'examen du
sang : les hématies sont en nombre souvent normal,
mais le taux de l'hémoglobine est toujours diminué;
il y a toujours de l'éosinophilie qui peut monter à
un taux extraordinaire. La pâleur des téguments,
principalement des oreilles, l'incapacité au travail
par essoufflement et faiblesse musculaire, l'amaigris-
sement, les troubles digestifs, sont les symptômes qui
doivent attirer l'attention et qui disparaissent avec
le ver. Il n'y a jamais ou très rarement du sang dans
les selles : pour le Docteur Herman, l'ankylostome
se nourrit non de sang (comme beaucoup d'auteurs
le croient) mais des cellules de la muqueuse in-
testinale. Comment agit le ver? le Docteur Herman ne peut se prononcer : est-ce par hémorragie?
(il ne le croit pas), par inoculation microbienne,
comme pense *Metchnikoff*? (d'autres vers, tels que
le tricocéphale, seraient aussi dangereux), par les

substances sécrétées? la question n'est pas réso-
lue.

Il nous a fait visiter son très intéressant dispensaire où il reçoit les ouvriers qui *veulent être trai-
tés :* en Belgique, comme en France, aucune loi ne
régit la question. Ce dispensaire est organisé d'une
façon simple et économique, mais très suffisante
pour le but. Le traitement habituel, particulier au
Docteur *Herman* et au Docteur *Delahaye*, son assistant, est la **mixture montienne :**

Eucalyptol............................	2 gr.
Chloroforme...........................	3 —
Huile de ricin........................	45 —

qui, dans leurs mains, donne d'excellents résultats.

Pour combattre le mal, en plus du dispensaire,
existent des moyens de propagande actifs, dont le
plus intéressant est « *un catéchisme du mineur* »,
brochure distribuée à profusion dans toute la région
des mines.

Nous visitâmes le laboratoire actuel du Docteur
Herman où nous vîmes de magnifiques photographies
de démonstration pour l'étude du ver ankylostome.
Nous reçûmes chacun un grand nombre d'échantillons
de vers, qui nous furent d'autant plus précieux qu'à
l'Institut Pasteur on n'avait pu mettre à notre dispo-
sition qu'un seul individu ! Ce laboratoire est muni
d'un outillage perfectionné principalement pour l'hématologie à laquelle M. Herman et son collaborateur
(**M.** *Dascotte*) attachent une grande importance; nous
visitâmes également le futur laboratoire de bactériologie et d'hygiène, que la province du Hainaut fait
construire. Ce splendide édifice sera non seulement
destiné à abriter des laboratoires mais encore consti-

tuera un musée d'hygiène, dernier cri, et un précieux instrument d'éducation populaire.

Enfin, notre visite à Mons fut complétée par une excursion *au dispensaire Warocqué* (cure d'air du bois d'Havré). Cet établissement, destiné à soigner les tuberculeux guérissables, est un modèle d'établissement économique : la construction a coûté **33.000** francs et avec un budget annuel de 30.000 francs, abrite **32** malades! Un ménage dévoué assure tout le service. Tout est simple, clair et désinfectable. Constructions en briques, ciment et bois, mobilier en fer et osier. L'étuve à désinfecter, montée sur voiture, sert à toute la région.

De Mons, nous allâmes directement à Bochum (Westphalie) où nous fûmes reçus par le Docteur *Lindenmann*, Directeur de l'Allgemeine Knappschaft-verein qui correspond, mais sur une bien plus vaste échelle, aux Caisses de secours françaises. Le Docteur Lindenmann nous fit visiter deux hôpitaux : l'un à Bochum même, l'autre à Gelsenkirchen, qui appartiennent tous deux à la Knappschaft. A Bochum l'hôpital catholique Sainte-Elisabeth nous intéressa au point de vue ankylostomiase, car le médecin-chef, Docteur *Reckzek*, et son assistant, le Docteur *Schwelienbach* se sont spécialisés dans la question de son traitement. En Allemagne, la loi oblige les ouvriers malades à se faire soigner et du reste les Compagnies d'assurances, de secours, les Compagnies patronales contribuent à leur fournir pendant le traitement une indemnité qui assure largement le sort de leurs familles. La Compagnie Krupp en particulier, paie le salaire intégral à tout ouvrier en traitement.

A l'hôpital Sainte-Elisabeth, le traitement habituel est l'extrait de fougère mâle associé, à la dose de 10 grammes, au sené et au tamarin; le médicament est pris deux fois à deux jours d'intervalle et comporte pendant sept jours une dure discipline de purgations et de jeûnes. Le traitement n'échoue que dans 6 ou 7 0/0 des cas. Le seul inconvénient de la fougère mâle consiste en accidents oculaires qui, dans des cas très rares, sont allés jusqu'à la cécité. Toutes les fois que les yeux ne paraissent pas intacts, avant le traitement, on remplace la fougère mâle soit par le thymol (qui exige des reins absolument sains), soit par l'eucalyptol. Ces deux remèdes ont donné aux médecins de Bochum une beaucoup plus grande proportion d'insuccès.

Grâce aux lois et à l'armement anti-ankylostomiasique, on ne trouve plus dans les charbonnages westphaliens que 10 0/0 de porteurs de vers, au lieu de 25 à 30 0/0.

Le Docteur Reckzek nous décrit les mêmes symptômes d'anémie que nous ont décrits le Professeur Calmette, à Lille, et le Docteur Herman, à Mons. Il insiste cependant davantage sur les hémorragies intestinales. Il ne peut nous dire combien d'ankylostomiasiques présentent des signes nets d'anémie : cela varie avec les charbonnages et d'autres conditions mal déterminées. Il y a beaucoup de porteurs de vers qui ne sont pas malades et parmi les mineurs on trouve quelquefois des anémiques qui ne sont pas porteurs de vers : mais il considère que la présence du ver chez un individu bien portant est un danger permanent : 1° pour lui, car à un moment donné, il peut en souffrir; 2° pour son entourage, car il peut l'infecter.

L'hôpital de Gelsenkirchen, que nous visitâmes ensuite, appartient aussi à l'Allgemeine Knappschaftverein, c'est la Knappschafts-Krankenkaus. Beaucoup plus moderne que l'hôpital Sainte-Elisabeth, il est plus spécialement destiné à la chirurgie. Dirigé par le Docteur *Thomas*, qui nous retint à déjeuner, il a une installation hydrothérapique mécanothérapique, électrique et radiologique complète. Les cuisines sont munies d'appareils automatiques : la cuisine se fait dans d'immenses autoclaves où tous les aliments cuisent sous pression ; c'est propre comme une salle d'opération, mais quels plats monotones et insipides ! Légumes et viandes, tout est bouilli ! Inutile de dire que le déjeuner à l'allemande qu'on nous servit, composé de jambon, beurre et délicatessen n'avait rien de commun avec la cuisine des malades.

A Gelsenkirchen se trouve le laboratoire d'hygiène et de bactériologie du Professeur *Hayo Bruns*. Ce laboratoire, qui a des filiales à Bochum, à Duisbourg et à Essen, a la responsabilité de l'hygiène de toute la région. Toutes les prises d'eau sont analysées plusieurs fois par an : certaines d'entre elles ont des postes permanents d'employés spécialisés dans la pratique des ensemencements microbiens. Tous les médecins ont le droit de faire pratiquer par le laboratoire les examens qu'ils jugent utiles : aussi est-ce par centaine de mille que se comptent les opérations d'une année. La recherche de l'ankylostomiase est une des principales occupations des assistants du Professeur Bruns, qui a fait sur ce sujet de brillants travaux. Il nous a montré, lui aussi, de belles photographies de démonstration.

Avant de revenir à Bochum, on nous fit visiter les puits 1 et 2 de la mine Rhein-Elbe. Nous vîmes l'installation grandiose des douches et du hall-vestiaire où les vêtements sont non point enfermés dans des placards, mais suspendus en l'air. C'est une installation modèle au point de vue prophylaxie de l'ankylostomiase ; tous les hygiénistes s'occupant de la question, préconisent en effet une extrême propreté corporelle, l'infection se faisant le plus souvent par la peau. On nous expliqua aussi le système des tinettes mobiles, leur vidange, etc...; nous visitâmes enfin l'équipe des fameux sauveteurs westphaliens, les postes de secours, les voitures d'ambulance, mais toutes ces diverses installations ne nous apprirent rien : à part le caractère colossal de toutes choses, nous avons aussi bien chacun chez nous.

Enfin, à Bochum, pour terminer, nous nous rendîmes à l'hôpital patronal, Bergmansheil, dirigé par le Professeur *Löbker*. Cet hôpital est uniquement consacré aux accidentés du travail. Il comporte tout l'outillage moderne que nous connaissons ; à signaler le perfectionnement des annexes : la cuisine, le lavage de vaisselle, le repassage et même la confection des bandes, tout est automatiquement fait par de merveilleuses machines. Une surprise termina notre visite, le Professeur Löbker nous montra de splendides projections lumineuses se rapportant à l'histoire naturelle du ver ankylostome. Ce voisinage d'une salle d'opération et d'un pareil matériel à enseignement montre à quel point tous ceux qui s'occupent des mineurs attachent de l'importance à la question de l'ankylostomiase.

Nous quittâmes Bochum après avoir invité à dîner le Professeur Löbker, les Docteurs Lindenmann (empêché), Thomas, Reckzek et Schwellenbach. Nous nous rendîmes à Franckfort pour visiter le laboratoire du Professeur *Ehrlich* de qui se recommandent tous les laboratoires allemands : malheureusement, il se trouva absent.

Tel est l'ensemble chronologique de tout ce que nous avons vu et entendu. Nous laissons à chacun de nous la liberté de tirer les conclusions que lui inspirera son impression personnelle sur l'ankylostomiase, danger social; mais nous devons, pour que notre rapport soit complet, formuler l'opinion du seul d'entre nous qui ait de l'autorité dans la question : le Docteur *Fabre*, de Commentry, étudie l'anémie des mineurs depuis trente ans, ses travaux lui ont valu le titre de membre correspondant de l'Académie de médecine. Comme il a discuté devant nous avec les différentes personnalités que nous avons visitées, son opinion a sa place ici (dût sa modestie en souffrir), nous la copions dans sa dernière publication « *l'an-kylostomiase chez les mineurs, d'après les derniers tra-vaux* (*Progrès médical*, 1905)... « en présence d'une
« symptomatologie si disparate, suivant qu'on exa-
« mine l'ankylostomiase dans les pays chauds, ou
« qu'on l'observe dans les pays de mines, également
« disparate, et tout autant, suivant la profession et
« les maladies qui coexistent avec l'ankylostomiase
« et qu'on fait dépendre trop facilement de la pré-
« sence de ces helminthes, pouvons nous faire autre
« chose que demander un supplément d'informa-
« tion?... que les cliniciens sérieux apportent leur
« concours aux physiologistes, aux naturalistes, aux
« savants chercheurs de laboratoire ».

Cette opinion n'engage que le Docteur Fabre et ne saurait être la conclusion de ce rapport collectif, qui ne doit pas en avoir d'autre que celle-ci : grâce au sacrifice consenti par nos Compagnies, nous croyons être à même de diagnostiquer l'ankylostomiase et de la traiter, sans que nos Compagnies aient besoin désormais d'avoir recours à des compétences étrangères.

Signé, par rang d'ancienneté :

Docteur FABRE (de Commentry);

Docteur CHAMPEIL (de la Grand' Combe);

Docteur DAUMY (de Saint-Éloi) ;

Docteur BRIAU (du Creusot);

Docteur VALATZ (de Carmaux);

Docteur DAVET (d'Épinac);

Docteur KERAMBRUN (de Montceau-les-Mines).

BAR-LE-DUC. — IMPRIMERIE CONTANT-LAGUERRE.

IMPRIMERIE
CONTANT-LAGUERRE

LVX·VITAM

BAR·LE·DUC

www.ingramcontent.com/pod-product-compliance
Lightning Source LLC
Chambersburg PA
CBHW060714280326
41933CB00012B/2433